The Life of Animals in Our Lives

All children and people alike love animals. We have been living with them since the beginning of time. This book is all about the science of animals-their classification, habitat, wildlife, and that special relationship animals share with people of all ages. But this story explains these complex ideas in interesting ways that are fun and easy for children to understand, learn, and enjoy.

Animals live everywhere. But changes to the environment are impacting their habitats and some animals have become extinct or can only be found in a zoo.

The extinction of large native animals has affected 75 percent of North America's big mammals. What are the reasons that some animals become extinct? Scientists continue to discuss the impact of global climate change on animals. And people-which after all are animals too-continue to hunt animals.

What does it mean for this generation of children that so many animals are disappearing or are in danger of become extinct? What's going to happen in the future? Humans and animals need to co-exist because both are part of an inseparable relationship. Even many of the plants we eat are pollinated and fertilized by animals. Humans cannot live without animals, though certainly animals can live (and would thrive) without people on the planet.

Children can learn so much about the importance of animals by reading this book. They will also learn geography as we travel around the globe in search of exciting species. Children need to learn how important living together with animals and this book is an excellent way to start that education.

Reading this book will help children understand animals and their :
- *Ecology*
- *Classification*
- *Habitat*
- *Wildlife*
- *Genealogy*
- *Evolution*
- *Relationship with people*

동물로
세상에서
잘 살아남기

풀과바람 지식나무 42
동물로 세상에서 잘 살아남기
The Life of Animals in Our Lives

개정1판 1쇄 | 2019년 8월 1일
개정1판 6쇄 | 2025년 7월 10일

글 | 김남길
그림 | 정일문

펴낸이 | 박현진
펴낸곳 | (주)풀과바람
주소 | 경기도 파주시 회동길 329(서패동, 파주출판도시)
전화 | 031) 955-9655~6
팩스 | 031) 955-9657
출판등록 | 2000년 4월 24일 제20-328호
블로그 | blog.naver.com/grassandwind
이메일 | grassandwind@hanmail.net

편집 | 이영란
디자인 | 박기준
마케팅 | 이승민

ⓒ 글 김남길·그림 정일문, 2019

이 책의 출판권은 (주)풀과바람에 있습니다.
저작권법에 의해 보호를 받는 저작물이므로 무단 전재와 복제를 금합니다.

값 12,000원
ISBN 978-89-8389-803-6 73490

※잘못 만들어진 책은 구입처에서 바꾸어 드립니다.

이 도서의 국립중앙도서관 출판예정도서목록(CIP)은 서지정보유통지원시스템 홈페이지(seoji.nl.go.kr)와
국가자료공동목록시스템(www.nl.go.kr/kolisnet)에서 이용하실 수 있습니다. (CIP제어번호 : CIP2019024035)

제품명 동물로 세상에서 잘 살아남기	**제조자명** (주)풀과바람	**제조국명** 대한민국
전화번호 031)955-9655~6	**주소** 경기도 파주시 회동길 329
제조년월 2025년 7월 10일	**사용 연령** 8세 이상

⚠ **주의**
어린이가 책 모서리에
다치지 않게 주의하세요.

KC마크는 이 제품이 공통안전기준에 적합하였음을 의미합니다.

동물로 세상에서 잘 살아남기

김남길 · 글 | 정일문 · 그림

풀과바람

머리글

지구상의 동물은 얼마나 많을까요? 작은 플랑크톤에서 거대한 고래까지 합치면 헤아릴 수 없이 많답니다. 그중에 사람도 동물에 포함되는데, 그 인구 숫자는 약 76억 명 정도예요.

인류를 제외한 동물의 조상은 과거에 지구가 생성되면서 서서히 등장했어요. 하나같이 변화무쌍한 환경을 극복한 채 적응과 진화를 거듭하면서 대를 이어왔지요. 나름대로 생존 전략을 발휘하여 지구 곳곳에 정착하여 살거나 이동하며 살았어요. 인류는 동물 중에 가장 뒤늦게 지구상에 등장한 풋내기랍니다. 즉 '동물 낳고 사람 낳은 것!'이죠.

하지만 인류의 등장으로 나머지 동물은 수난의 시절을 겪게 되었어요. 인류는 동물 중에 가장 적은 숫자이지만 대다수의 동물을 다스릴 수 있는 능력을 지녔으니까요. 힘의 균형이 일방적으로 인간에게 넘어오면서 동물의 생존 전략에도 금이 가기 시작했어요. 동물은 인간에 의해 먹잇감, 사냥, 놀이, 퇴치의 대상 등으로 전락하며 도망 다니는 신세가 되었어요.

더욱이 하루가 다르게 발달하는 인간의 문명은 동물의 삶을 점점 더 힘들고 지치게 했어요. 서식지 파괴, 환경 오염 등이 동물의 질병을 일으키는 원인을 제공했지요. 문명이 발달하고 인구가 늘어날수록 동물이 설 자리가 좁아지고 있는 거예요. 앞으로 이 숙제를 어떻게 풀어야 할까요? 분명한 것은 동물이 살기 어려워지면 그 피해는 고스란히 우리에게 돌아온다는 사실입니다.

김남길

차례

- **01** 식물과 동물 --- 6
- **02** 동물의 분류 --- 9
- **03** 진화하는 동물 --- 18
- **04** 최초의 생물, 시아노박테리아 --- 23
- **05** 지질 시대의 동물들 --- 26
- **06** 동물의 족보 --- 36
- **07** 동물이 사는 곳 --- 39
- **08** 동물의 생존 전략 --- 52
- **09** 인간과 동물의 관계 --- 57
- **10** 동물이 전염시키는 병 --- 74
- **11** 사람과 환경 --- 82

동물 관련 상식 퀴즈 --- 88
동물 관련 단어 풀이 --- 90

01 식물과 동물

　지구는 끝없는 우주에 떠 있는 작은 행성입니다. 무한한 우주의 크기에 비하면 지구는 눈에 보이지 않는 티끌에 불과하지요. 이 티끌을 우주 현미경으로 들여다볼까요? 우아, 놀랍게도 헤아릴 수 없을 만큼 생명체가 북적거리고 있네요. 그중에 나 한 사람도 끼어 있군요.

지구에는 크게 두 가지 생물군이 살고 있어요. 하나는 움직이지 않고 한자리에 머물러 사는 '식물군'이고, 다른 하나는 움직이며 활동하는 '동물군'입니다. 식물군은 땅에 뿌리를 박은 채 지구의 알몸을 푸르게 덮고 있지요. 동물군은 숲과 들을 뛰어다니며 부지런히 먹이를 사냥합니다.

식물은 생산자, 동물은 소비자

자연에서 식물군이 하는 일은 생산자의 역할입니다. 생산자는 열매나 씨앗을 퍼뜨려 자손을 늘리고, 1차 소비자인 초식 동물들의 먹이가 되지요. 2차 소비자인 육식 동물은 1차 소비자들을 잡아먹고요. 2차 소비자들

은 더 힘이 센 3차 소비자와 4차 소비자(최고 단계의 소비자)인 육식 동물들에게 잡아먹히지요. 즉 나뭇잎(생산자)은 애벌레(1차 소비자)의 먹이가 되고, 애벌레는 새(2차 소비자)에게 잡아먹히고, 새는 족제비(3차 소비자)의 식사가 되고, 족제비는 올빼미(4차 소비자)의 저녁밥이 되지요.

천적이 없는 최상위의 포식자들은 어떻게 될까요? 죽어서 자연 분해되는데, 이때 식물군이 분해된 유기물을 뿌리로 흡수하여 성장 에너지로 삼지요. 이처럼 식물과 동물은 자연에서 '먹이 사슬' 관계를 이루고 있습니다.

그럼 만약에 지구에서 생산자가 사라지면 어떤 일이 벌어질까요? 사람을 포함한 모든 동물은 멸종하게 돼요. 우리가 먹는 음식의 원료나 동물의 먹이를 생산자가 책임지고 있기 때문이죠.

02 동물의 분류

지구상에는 코끼리처럼 큰 동물들이 있는가 하면, 눈에 보이지도 않는 작은 동물들이 아옹다옹 살고 있어요. 동물들을 분류할 때 기초가 되는 것은 등뼈가 있느냐 없느냐입니다. 등뼈가 있으면 '척추동물', 등뼈가 없으면 '무척추동물'이라고 해요.

척추동물 무리

등뼈를 가지고 있다는 것 말고도 근육이 좌우 대칭으로 이루어져 있는 게 척추동물의 특징입니다. 작은 멸치도 등뼈가 있어 '뼈대 있는 가문'의 자손이지요. 먼저 뼈대 있는 집안들을 살펴볼까요?

• 포유류

새끼를 낳아 젖을 먹여 키우는 동물이에요. 크기가 30미터가 넘는 대왕고래에서 6~7센티미터밖에 되지 않는 뒤쥐까지 약 4000종이 있어요. 포유류 중에는 지능이 높은 영장류가 있는데 원숭이, 침팬지, 오랑우탄, 고릴라 등의 유인원들이 이 부류에 속해요. 사람은 분류학상 포유류이면서 영장류에 포함되지요. 한편, 오리너구리는 알을 낳지만 새끼에게 젖을 먹여 키우기 때문에 따로 '난생 포유류'라고 부릅니다.

• 조류

부리와 깃털이 있고 날개 달린 종들을 통틀어 말해요. 알을 낳고 두 개의 다리를 가졌어요. 키위나 타조처럼 날 수 없는 종들도 있어요. 대부분은 발가락이 갈라져 있으나 물에 사는 종들은 물갈퀴가 발달했어요.

• 파충류

털이 없고 피부가 딱딱한 비늘로 덮여 있는 종들이에요. 주위의 환경에 따라 몸의 온도가 변하는 변온 동물로 날씨가 추워지면 활동이 둔해집니다. 체온을 높일 때는 따뜻한 햇볕 아래 일광욕을 즐기지요. 도마뱀, 거북, 악어, 카멜레온, 이구아나, 뱀 등이 이 부류에 속하지요. 지구상에서 가장 큰 파충류는 중생대에 멸종한 공룡이랍니다.

• **양서류**

물에서도 살고 뭍에서도 사는 종입니다. 피부가 미끈하고 촉촉한 가죽으로 되어 있어요. 새끼들은 물에서 부화하여 아가미 호흡을 하고, 자라서는 물 밖에서 피부와 폐로 호흡하지요. 개구리, 두꺼비, 도롱뇽 무리가 대표적인 양서류입니다. 전 세계에 6260여 종이 있는데, 3분의 1인 2030여 종이 멸종 위기에 놓여 있다고 해요.

• **어류**

모든 물고기가 여기에 속해요. 비늘과 지느러미가 있고 부레로 공기를 조절하여 물에 뜨거나 가라앉습니다. 물이 있는 곳이라면 어디든지 삽니다. 냇물, 호수, 댐, 강에 사는 종을 '민물고기', 소금물에 사는 종을 '바닷물고기'라고 해요. 연어와 장어처럼 강과 바다를 오가며 사는 종들은 따로 '회유성 물고기'라고 부릅니다.

무척추동물 무리

전체 동물의 90% 이상을 차지하며, 척추동물을 제외한 모든 동물이 무척추동물에 속합니다. 그런데 무척추동물은 척추동물보다 하등 동물로 취급되는 경향이 있어요. 뼈가 없는 데다 기관이 완벽하게 발달하지 못했기 때문이죠. 그러나 그것이 고등 동물과 하등 동물을 나누는 기준은 아닙니다. 단지 한 생명체가 단순하게 발달했느냐, 좀 더 복잡하게 발달했느냐의 차이일 뿐이니까요. 무척추동물들은 아직도 밝혀지지 않은 종이 무수히 많아요. 그럼, 밝혀진 종들 중 대표적인 것 일곱 가지에 대해 알아볼까요?

• **극피동물**

피부에 가시나 울퉁불퉁한 돌기가 나 있는 동물입니다. 성게, 불가사리, 해삼 등이 있어요.

• **자포동물**

몸통에 텅 빈 위가 있고 입과 배설구가 하나인 동물이에요. 먹이를 먹을 때는 입이 되고 찌꺼기를 버릴 때는 배설구로 사용합니다. 산호, 히드라, 말미잘, 해파리 등이 있어요.

• **절지동물**

다리가 마디마다 꺾이는 동물이에요. 껍질은 단단한 키틴질로 되어 있지요. 곤충류, 지네류, 거미류, 전갈류, 새우류, 게류 등입니다.

• **연체동물**

살이 흐물흐물하여 부드럽게 움직이는 동물이에요. 몸 전체를 근육으로 사용합니다. 오징어, 낙지, 문어, 조개, 달팽이, 전복 등이 이에 속해요.

• **환형동물**

몸통이 둥글고 길쭉한 동물이에요. 마디마다 체절(몸마디)이 있어 몸을 오므렸다 폈다 할 수 있어요. 지렁이, 갯지렁이, 거머리가 대표적입니다.

• 편형동물

몸이 납작한 동물입니다. 몸의 일부가 잘려도 따로따로 살아요. 냇물에 사는 플라나리아와 동물의 몸속에서 기생하는 조충과 디스토마 등이 있어요.

• 원생동물

하나의 세포로 살아가는 원시적인 동물이에요. 맨눈으로 관찰되지 않으나 큰 것은 눈

으로 볼 수 있어요. 짚신벌레, 아메바, 나팔벌레, 종벌레 등이 있습니다. 물에서 동물 플랑크톤의 형태로 살아가며 어린 물고기들의 먹이가 되지요.

03 진화하는 동물

1859년, 영국의 생물학자 찰스 다윈(1809~1882)은 《종의 기원》을 세상에 발표했어요. 책의 핵심은 '모든 생물은 그 환경에 적합한 모습으로 발전한다.'는 진화론이었어요. 다윈은 그 결과 원숭이가 '털 없는 인간'으로 진화했다고 했지요. 이 책이 발표되자 세상이 떠들썩해졌어요. '사람은 하느님이 창조하셨다.'고 믿는 창조론자들이 진화론은 거짓이라고 비판했기 때문이지요.

그러나 세월이 지나면서 진화론은 과학적인 증거들이 밑받침되면서 빛을 발하기 시작했어요. 갈라파고스 제도에 사는 '다윈 핀치'들이 먹이의 종류에 따라 부리가 여러 가지 모양으로 바뀐 것은 진화론의 중요한 증거가 되었어요.

살고 싶으면 환경에 맞춰라

진화론은 '생물은 환경에 맞게 몸을 바꾼다.'는 '자연 선택설'에 기초를 두고 있어요.

예를 들면 기린은 높은 곳에 매달려 있는 나뭇잎을 따 먹기 위해 목이 길어진 것이 아니라, 먹이 경쟁을 피해서 나뭇잎을 따 먹다 보니 목이 차츰차츰 길어졌다는 것이죠. 코끼리의 코도 마찬가지예요.

옛날 고래의 조상은 육상 포유류였어요. 그럼, 이 육상 동물이 어떻게 물에서 사는 동물로 변신하게 되었을까요?

고래의 조상들은 육상에서 먹이를 구하는 데 어려움을 겪었을 거예요. 아니면 천적이 많아서 도망치기에 바빴겠지요. 살아남기 위해서는 새로운 먹이를 찾거나 피할 곳을 찾아야 했을 거예요. 그러다가 물이 안전한 곳이라는 것을 알게 되었어요. 고래의 조상들은 물가에서 생활하는 동안 몸이 조금씩 변하기 시작했어요. 처음에는 물고기를 잡아먹을 수 있게 주둥이가 커지고, 나중에는 앞다리와 꼬리가 헤엄을 칠 수 있는 지느러미 모양으로 바뀌게 된 것이죠.

고래가 포유류라는 사실을 어떻게 알았을까요? 고래는 물고기처럼 아가미 호흡을 하지 않고 머리에 뚫린 숨구멍으로 폐(허파) 호흡을 해요. 또한 앞 지느러미뼈는 동물의 관절처럼 마디로 되어 있어요. 그 흔적들이 고래가 육상 동물에서 바다에 사는 동물로 진화한 증거랍니다.

자연 선택설은 고래뿐만 아니라 모든 동물에게 적용되는 이론입니다.

물갈퀴가 달린 물개의 앞·뒷다리, 빠르게 달리는 타조의 다리, 시력이 뛰어난 매의 눈, 위장술이 탁월한 카멜레온의 피부 등은 위험한 환경에서 살아남기 위한 동물의 위대한 자연 선택이지요.

선택되는 보호색

영국에서 다윈의 자연 선택설을 눈으로 확인시켜 주는 곤충이 나타났어요. 그 주인공은 후추나방입니다. 후추나방은 본모습이 흰 바탕에 검은 반점이 찍혀 있는 종이에요. 18세기 후반, 영국에서 산업 혁명이 일어나는

동안 후추나방은 수난을 겪었어요. 당시 영국은 어마어마한 양의 석탄을 소비했는데, 그 영향으로 온 나무가 검게 그을렸어요. 그 바람에 흰색을 띠던 후추나방은 새들의 눈에 쉽게 띄어 목숨을 빼앗겼지요. 결국 검은색의 후추나방이 살아남기 쉬웠지요. 그러나 차츰 환경이 나아지면서 이번에는 반대로 흰색을 띤 나방들이 살아남기 쉬웠고, 예전처럼 흰색의 후추나방이 사람들 눈에 더 많이 띄게 되었답니다.

04 최초의 생물, 시아노박테리아

동물의 조상을 일일이 캐내어 족보를 밝혀내는 것은 몹시 어려워요. 과학자들은 지구의 나이를 45억~46억 년쯤으로 계산하고 있어요. 사실 100년도 못 사는 사람들이 까마득히 먼 세월에 탄생한 지구를 추적하여 생명의 근거를 찾아내기란 불가능하지요. 과학자들은 현대의 기술을 총동원하여 지층을 조사한 뒤, 여러 가지 가설을 내놓고 추측할 뿐이에요.

생물이 자라는 데는 네 가지 조건이 필요해요. 태양, 물, 공기, 서식지죠. 지구는 이 네 가지 조건이 자연스럽게 갖추어지면서 생명의 보물 창고가 되었어요. 그렇다면 지구 최초의 생명체는 무엇일까요?

대부분의 과학자들은 '원핵생물'이 최초의 생명체라고 말해요. 그런데 원핵생물의 선두 주자는 '시아노박테리아'예요. 이 박테리아는 바닷속에서 핵산을 만드는 뉴클레오타이드와 단백질을 만드는 아미노산이 결합하여 아르엔에이(RNA)와 디엔에이(DNA)를 형성한 뒤, 생명체의 뿌리가 되었지요. 시아노박테리아는 약 35억 년 전에 바닷속에서 등장했어요.

먼 옛날 시아노박테리아는 광합성을 하여 에너지를 얻었어요. 그리고 산소를 생산하여 다른 생명체들이 활발하게 활동할 수 있는 환경을 만들어

놓았지요. 산소는 대기에 오존층을 만들어 강력한 태양풍과 자외선을 막아 주는 역할을 했어요. 그 뒤 아메바, 짚신벌레, 클로렐라, 볼복스, 나팔벌레 등의 단세포 생물들이 등장하게 되었지요.

과학자들은 시아노박테리아가 수억 년 동안의 진화를 거쳐 더욱 발달된 다세포 생물을 탄생시킨 것으로 파악하고 있답니다.

단세포와 다세포의 차이

단세포는 단 하나의 세포예요. 세포는 생명을 이루는 최소한의 단위인데, 단세포 생물은 세포 하나로 모든 생명 활동을 할 수 있어요. 광합성으로 에너지를 얻어 살면서 세포를 분열하여 자손을 늘려나가지요. 그렇게 대를 이어가는 방식을 '무성 생식'이라고 해요. 대부분 미생물로 통하는 플랑크톤이 단세포 생물이랍니다.

다세포 생물은 세포가 다수로 이루어진 생물입니다. 동물이나 식물이 모두 해당하지요. 이 경우에 동물은 짝짓기, 식물은 수정을 통하여 자손을 이어나가기 때문에 '유성 생식'을 하지요.

생물의 크기와 세포 수는 비례합니다. 즉 사람이 크면 클수록 세포 수가 많고 작을수록 세포 수도 적어요. 사람의 세포는 약 60~100조 개예요. 여러분이 다른 친구들보다 키가 크거나 살이 쪘다면 세포가 더 많은 상태랍니다.

05 지질 시대의 동물들

지질 시대는 지구의 지각 변동이 활발하게 일어나고 생물계의 일대 변화를 불러들인 시기예요. 즉 인류의 역사와 기록이 없고, 단지 지리학적으로 추적이 가능한 시대를 일컫습니다. 지질 시대는 크게 선캄브리아대,

고생대, 중생대, 신생대로 나누어져요. 이 중에 선캄브리아대는 단세포 생물들이 지배하던 시대로, 대략 46억 년 전에서 5억 7000만 년 전까지의 기간이에요. 전체 지질 시대 기간의 86퍼센트나 차지하지요. 그리고 나머지 지질 시대 기간에 현 동물의 조상들이 차례로 등장하게 되었어요. 과거에 어떤 동물들이 살았는지 알아볼까요?

고생대의 동물

고생대(5억 7000만 년 전 ~ 2억 2500만 년 전)는 진화가 덜 된 동물들이 살았던 시대로 대부분 무척추동물 무리들이 등장하는 때예요. 그 시기는 크게 전기 고생대와 후기 고생대로 나뉘는데, 이 시대에는 대륙이 하나로 합쳐져 있었어요. 이것을 초대륙 '판게아'라 하고 주위의 드넓은 바다를 '판타랏사'라 했어요.

• **전기 고생대**

캄브리아기 : 고생대의 시작을 알리는 단계로 해면과 히드라와 같은 다세포 동물들이 갑자기 대거 출현했어요. 이를 두고 '캄브리아 대폭발'이라 하는데, 이때 바다 절지동물인 '삼엽충'이 등장했어요.

오르도비스기 : 조개류, 산호류, 연체동물의 개체 수가 늘어나던 시기예요. 특히 떼로 모여 사는 필석류(클로노그랍투스, 디플로그랍투스, 테트라그랍투스, 모노그랍투스 등)가 크게 번성했어요.

실루리아기 : 갑각류의 일종인 바다 전갈(유립테루스)이 등장했어요. 그리고 최초의 육상 식물과 물고기의 조상으로 불리는 '갑주어'가 나타났어요. 갑주어는 턱이 없고 머리와 몸통이 단단한 골판으로 되어 있지요. 실루리아기 말에는 턱뼈가 발달한 '판피어'가 등장하여 척추동물의 시대를 열었어요.

• **후기 고생대**

데본기 : 배지느러미에 연골 조직이 있는 물고기 '실러캔스'가 등장합니다. 실러캔스는 배지느러미를 이용하여 물 바닥을 기어 다녔어요. 이 시대에는 실러캔스와 더불어 여러 종류의 갑주어와 판피어들이 바다를 점령하여 '어류의 시대'로 불리지요. 또한 물고기가 양서류로 진화하는 시기이기도 해요.

석탄기 : 나무와 풀이 무성하게 자라던 시기예요. 곳곳에 습지가 생기면서 양서류가 대량으로 번식하여 '양서류의 시대'라고 할 정도로 널리 퍼졌어요. 이때 양서류의 일부가 육상으로 올라와 파충류의 진화 단계를 거쳤어요. 숲에는 길이가 2미터가 넘는 대형 잠자리가 나타나고 바퀴벌레 등의 곤충들이 활약했지요.

페름기 : 소형 파충류인 공룡(아르코사우루스, 스쿠토사우루스, 이노스트란케비아 등)들이 등장해요. 일부 파충류는 다시 조류와 포유류로 진화 단계를 거친 종들이 생겨났어요. 리스트로사우루스는 포유류형 파충류를 대표하지요. 그런데 페름기 말에 화산 활동이 거세게 일어나 해양 생물의 90퍼센트 이상, 육상 생물의 70퍼센트가 사라지는 사건이 터졌어요. 이것을 '페름기 대멸종'이라 해요.

중생대의 동물

중생대(2억 2500만 년 전 ~ 6500만 년 전)는 공룡들이 육지와 바다, 그리고 하늘을 차지하던 시대예요. 그래서 '파충류 시대'로 통하지요. 이 시대에 판게아가 로라시아 대륙(지금의 북반구 대륙)과 곤드와나 대륙(지

금의 남반구 대륙)으로 갈라지며 현재의 육지 모습을 갖추기 시작했어요. 크게 3기로 나뉘는 중생대는 공룡들의 세상이었어요. 하지만 지구에 대규모의 자연 재앙이 닥치며 공룡들이 한꺼번에 멸종했지요.

트라이아스기 : 바다에 사는 공룡(노토사우루스, 믹소사우루스, 쇼니사우루스 등)들이 많았어요. 육지에는 두 발로 걷는 육식 공룡(에오랍토르, 헤레라사우루스, 코엘로피시스 등)들이 등장했어요. 이들은 공룡의 조상으로 불리는 라고수쿠스의 후손들로 추정하고 있어요.

쥐라기 : 크고 작은 사나운 육식 공룡(알로사우루스, 메갈로사우루스, 토르보사우루스, 랍토르류 등)들이 등장합니다. 초식 공룡(브라키오사우루스, 스테고사우루스, 디플로도쿠스, 켄트로사우루스 등)들도 나타납니다. 하늘은 익룡(람포링쿠스, 소르데스 등)들이 지배하지요. 익룡은 한 단계 더 진화하여 파충류와 조류의 중간 단계인 '시조새'를 탄생시켰어요. 한편, 바다에서는 '암몬조개'라 불리는 암모나이트가 크게 번성했습니다.

백악기 : 공룡의 전성시대입니다. 육식 공룡(티라노사우루스, 타르보사우루스, 스피노사우루스, 벨로키랍토르, 기가노토사우루스 등)이 육지를 완전히 지배했어요. 초식 공룡(파키케팔로사우루스, 트리케라톱스, 프로토케라톱스, 이구아노돈, 안킬로사우루스 등)들은 육식 공룡에 맞서기 위해 다양한 무기로 무장했어요. 이 시기에도 대량 멸종이 일어나 공룡은 물론 해양 생물의 60~75퍼센트가 사라졌는데, 이는 소행성의 충돌 때문이라고 추정하고 있어요.

신생대의 동물들

신생대(6500만 년 전 ~ 현재까지)는 화산 활동이 크게 일어나 남극 대륙과 호주 대륙이 분리되었어요. 또한 세이셸 제도에 떨어져 있던 인도가 유라시아판과 충돌하며 알프스와 히말라야산맥을 이루던 시대지요. 신생대는 빙하기와 간빙기가 번갈아 발생하며 육지가 점점 넓게 드러났어요. 일찍이 파충류에서 진화한 동물들이 각지로 퍼져 나갔어요. 특히 유대류가 번성하여 다양한 종으로 진화를 거듭하여 포유류의 전성시대를 열었지요. 신생대의 대표적인 포유류는 매머드인데, 빙하기를 맞아 먹이 부족으로 멸종했어요.

한편, 신생대 말기에 이르러 인류(오스트랄로피테쿠스 → 호모 하빌리스 → 호모 에렉투스 → 호모 사피엔스 : 네안데르탈인 → 크로마뇽인)가 등장하여 만물의 영장이 되었답니다.

06 동물의 족보

어류가 조상이라고?

현존하는 척추동물들의 원조상은 어류에서 출발합니다. 즉 탄생 순서로 물고기의 족보가 가장 높아요. 이 어류가 양서류로 발달하고, 양서류는

파충류로 진화했어요. 파충류는 다시 조류와 포유류로 각각 진화했지요.

어류가 척추동물의 조상이 된 것은 무엇 때문일까요? 바다는 생명체를 탄생시킨 최초의 부화장이에요. 애당초 바다에서 태어난 생명체들이 진화하여 점차 육지로 진출했으니까요. 그래서 바다를 '생명의 어머니'라고 부른답니다.

모든 동물은 환경의 자손

어류가 포유류로 진화하는 데는 무수한 역사의 시간이 필요했어요. 그렇다고 포유류가 어류보다 높은 단계의 동물이라는 뜻은 아닙니다. 앞서 말했듯이 우리가 동물을 고등 동물과 하등 동물로 구분 짓는 것은 잘못이에요. 단세포 동물은 미개하고 개가 영리하다고 말하는 것은 인간 스스로가 똑똑함을 자랑하기 위해서죠. 과학이 발달한 현대에도 우리는 눈에 보이지 않는 세균에 감염되어 생고생을 하는 경우가 허다합니다. 그런데도 우리가 똑똑하다고 자신할 수 있을까요? 어쩌면 세상에서 가장 무식하고 어리석은 동물은 사람일지도 모릅니다.

하나의 생명체는 스스로 어떤 환경에서 어떻게 살아남아야 하는지 누구보다 잘 알고 있어요. 그것은 본능이지요. 사람의 생각은 생명체의 본능을 따라갈 수 없답니다.

동물들에게 족보는 중요하지 않아요. 알을 낳든 새끼를 낳든 지구라는 서식지에서 함께 살아가고 있으니까요. 따라서 사람을 포함한 모든 동물은 족보와 관계없이 환경의 아들딸들이랍니다.

07 동물이 사는 곳

지구 전체는 하나의 자연 동물원이에요. 하늘, 땅, 바다, 심지어 극지방에 이르기까지 동물이 살지 않는 곳은 없답니다. 동물들에게 살기 좋은 환경이란, 천적이 없거나 인간들의 간섭이 없는 곳일 거예요.

북극을 대표하는 동물

남극과 달리 북극은 대륙이 아니라 커다란 바다예요. 겨울이 되면 바다 표면이 두껍게 얼어붙어 커다란 덩어리를 이루지요. 이 때문에 북극을 대륙이 아니라 '북극해'라고 불러요.

북극해를 대표하는 동물로는 북극여우와 북극곰이 있어요. 북극여우는 체온을 빼앗기지 않기 위해 귀가 짧은 것이 특징이에요. 겨울에는 하얗게 털갈이를 하여 사냥감들의 눈을 속이지요.

북극곰은 언제나 새하얀 모습으로 위장하고 사냥감을 호시탐탐 노려요. 북극곰이 추위를 이길 수 있는 것은 온몸에 두꺼운 체지방을 채워 둘 수 있기 때문이에요.

북극제비갈매기는 놀라운 능력을 지녔어요. 일 년에 한 차례씩 북극과 남극을 오가는 여행을 한답니다. 장거리 여행의 목적은 새끼를 치기 위해서예요. 여름에 북극해가 녹으면 북극제비갈매기는 해안가 돌무더기에 둥지를 틀지요. 새끼가 자라면 주저 없이 남극으로 날아가 여름을 보냅니다. 어떻게 그럴 수 있을까요?

북반구와 남반구는 여름과 겨울만 있는데, 그 계절이 서로 반대로 나타납니다. 북극이 여름일 때 남극은 겨울이고, 북극이 겨울일 때 남극은 여름이 되는 것이죠. 북극제비갈매기가 북극을 떠나 남반구로 이동하는 데는 수개월이 걸립니다. 먹이 사냥도 하고 쉬기도 해야 하니까요. 그사이 남극은 겨울이 끝나고 여름을 맞이하지요. 북극제비갈매기가 남극에서

보내는 동안은 '남극제비갈매기'라 불립니다.

남극을 대표하는 동물

남극은 북극해와 달리 든든한 땅덩어리가 떠받치고 있습니다. 그래서 '남극 대륙'으로 통하지요. 남극은 북극해보다 훨씬 추워서 눈보라가 몰아칠 때는 영하 70도를 훌쩍 넘기기도 해요. 이렇게 추워도 꿋꿋하게 살아가는 동물들이 있어요. 황제펭귄, 아델리펭귄, 젠투펭귄 등의 조류들이죠.

펭귄은 남극에 살 수 있도록 특수하게 진화했어요. 날지 못하는 대신 잠수를 잘하고, 추위를 막아 주는 짧은 방수 깃털이 몸을 지켜 주지요. 그

덕분에 펭귄은 마음 놓고 물고기를 사냥할 수 있어요. 펭귄의 방수복은 얼음판에서도 중요하게 사용돼요. 펭귄은 먼 거리를 이동할 때 배를 깔고 미끄러지듯 움직이는데, 이때는 걷는 것보다 힘을 덜 쓰게 되어 에너지를 아낄 수 있답니다.

한편, 펭귄은 남극에만 살지 않고 더운 지방에도 살아요. 케이프펭귄(자카스펭귄)은 아프리카의 남해안에 살고, 갈라파고스펭귄은 남태평양의 섬 지방에서 삽니다. 재미있는 것은 펭귄들의 서식지가 모두 남반구에 있다는 거예요.

동물의 왕국, 사바나

아프리카의 사바나 지역은 지구상에서 동물이 가장 많이 몰려 있는 곳입니다. 광활한 땅에 숲과 초원이 고루 분포하여 초식 동물과 육식 동물의 낙원으로 불리지요. 하지만 수많은 종의 동물이 모여 살다 보니 생존 경쟁도 치열하게 일어나지요. 덩치 큰 코끼리나 기린도 한눈을 팔다가는 사자에게 잡아먹힐 수 있어요. 사자는 굶지 않기 위해 초식 동물을 끝까지 추격하여 물고 늘어져야 하지요. 반면에 초식 동물들은 무리에서 흩어지지 않거나 육식 동물보다 빠르게 도망쳐야 살아남을 수 있고요.

사바나에는 비가 오지 않는 건기와 비가 쏟아지는 우기가 6개월씩 반복돼요. 우기 때는 초식 동물과 육식 동물들이 마음껏 배를 채울 수 있습니다. 강물이 풍부해지고 초원의 풀들이 무성하게 자라니까요. 이 시기에 초식 동물들은 새끼를 낳지요. 육식 동물들은 그때를 놓치지 않고 약한 초식 동물을 골라서 잡아먹습니다.

하지만 건기가 다가오면 상황이 달라져요. 초식 동물들이 집단으로 모여 보츠와나에 있는 오카방고 삼각주로 이동을 시작합니다. 물과 먹이를 찾아서요. 오카방고에는 건기 때도 강물이 흐르고 싱싱한 풀이 많이 자라거든요. 초식 동물들의 이동이 끝나면 육식 동물들은 힘든 시기를 보내야 해요. 웅덩이를 찾아 물을 마시고 사냥감을 찾아다니느라 지치기도 하지요. 이때는 라이언 킹의 새끼들이 굶어 죽기도 해요.

사막을 대표하는 동물

사막은 한낮에는 뜨겁고 밤에는 기온이 뚝 떨어지는 곳입니다. 낮에는 모래가 태양열을 빠르게 보관했다가 밤에는 태양열을 쉽게 빼앗기기 때문이죠. 그래서 밤낮의 일교차가 큽니다.

낙타는 뜨거운 사막에 가장 잘 적응한 동물입니다. 오랫동안 물을 마시지 않고도 버틸 수 있거든요. 등에 달린 혹에 촉촉한 지방 덩어리를 모아 둘 수 있기 때문이죠. 그리고 모래 속으로 빠지지 않는 넓은 발, 모래바람을 막아 주는 긴 눈썹이 낙타를 사막의 파수꾼으로 만들어 주었지요.

　사막의 동물들은 뜨거운 모래 열을 피해 대부분 밤에 활동해요. 전갈은 낮 동안 돌 밑에 숨어서 지내지요. 도마뱀과 사막여우(페넥여우)는 모래 구멍 속에서 밤을 기다리고요. 특히 사막여우는 기후의 영향을 받아 귀가 크게 발달했어요. 40도가 넘는 더위에 체온이 올라가면 큰 귀로 열을 내보내어 체온을 내려 주지요. 사막여우의 귀에는 실핏줄이 거미줄처럼 깔려 있어 온도 조절이 쉬워요.

바다에 사는 동물

바다는 지구 면적의 약 70퍼센트를 차지합니다. 끝없이 넓고 한없이 깊은 곳이 바다예요. 바다는 크기만큼이나 수수께끼 같은 비밀을 많이 담고 있어요. 얼마나 많은 종의 물고기가 깊은 바닷속에 숨어 있는지 모르니까요. 바다는 양서류를 제외한 물고기, 거북, 바다표범, 바닷새 들이 모두 관찰되는 곳입니다. 그중에 바다의 주인공은 단연 물고기지요. 먼저 물고기의 생김새를 살펴볼까요?

대부분의 물고기는 헤엄을 빨리 칠 수 있게 유선형의 몸매를 가지고 있어요. 방향, 속도, 중심을 잡을 때는 지느러미를 이용하지요. 두 눈은 수압

에 견딜 수 있도록 물컹물컹한 젤리가 감싸고 있어요. 비늘은 물이 스며들지 않는 끈끈한 점액으로 코팅되어 있고요. 옆줄은 감각 기관으로 수온, 물의 흐름, 진동, 수압 등을 감지할 수 있어요.

몸이 유선형이거나 세로로 납작한 물고기들은 약삭빠르지만, 가로로 납작한 종들은 헤엄치는 속도가 느린 편이에요. 가오리, 넙치, 가자미 등은 모랫바닥 생활에 적응한 관계로 몸이 납작하지요. 이 종들은 천적들의 밥이 되기 쉽기 때문에 모랫바닥 속으로 잽싸게 몸을 숨기는 재주를 가졌답니다.

바닷속에는 차가운 한류와 따뜻한 난류가 흘러 다녀요. 두 해류는 물속을 순환하면서 지구 바다의 온도 균형을 맞추지요. 물고기는 수온에 민감한 동물이에요. 주위에 갑자기 수온의 변화가 생기면 맥을 못 추지요. 그래서 물고기들은 언제나 자기들의 활동 수온에 맞는 물길을 따라 이동합니다. 차가운 물을 좋아하는 명태나 대구는 한류를 따라다녀요. 따뜻한 물을 좋아하는 참치와 고등어는 난류를 타고 여행하지요.

갯벌에 사는 동물

갯벌은 강물이나 바닷물에 쓸려 온 모래와 흙가루가 오랜 세월 동안 해안가에 쌓여서 만들어진 습지입니다. 밀물 때는 물에 잠기고 썰물 때는 어두운 빛깔을 드러내지요. 갯벌에는 영양분이 풍부하여 터를 잡고 사는 동물이 많아요. 갯지렁이, 조개, 게, 낙지 등이 개흙 속에서 안락한 생활을 보내지요.

여름 철새인 도요새 무리는 해마다 우리나라의 갯벌에 방문하여 먹이를 사냥합니다. 에너지가 보충되면 호주 해안으로 날아가 겨울을 나지요.

우리나라의 갯벌은 80퍼센트 이상이 남서 해안 지역에 몰려 있어요. 이 갯벌들은 미국 동부 해안, 캐나다 동부 해안, 북해 연안, 아마존 유역의 갯벌들과 함께 세계 5대 갯벌로 손꼽히지요.

08 동물의 생존 전략

동물은 서로 먹고 먹히는 천적 관계에 있습니다. 때에 따라 사이좋게 지내는 종들도 있지요. 강한 동물은 먹이 경쟁에서 이겨야 살아남을 수 있고, 약한 종들은 어떻게든 몸을 보호해야 대를 이을 수 있지요. 동물들이 어떤 전략으로 살아남는지 알아볼까요?

육식 동물의 무기

호랑이는 긴 발톱으로 사슴을 낚아채어 날카로운 이빨로 물어뜯습니다.

밤눈이 밝은 부엉이는 예리한 발톱으로 쥐를 사냥합니다.

독이 있는 뱀은 토끼를 물어 독을 퍼뜨려 죽입니다. 강한 무기가 육식 동물들을 먹여 살리고 있어요.

약한 동물의 살아남기

카멜레온은 몸 빛깔을 주위와 똑같이 위장하여 천적의 눈을 속입니다. 멸치들은 떼를 지어 몸을 보호합니다. 고슴도치는 바늘 같은 가시를 세워 늑대가 물지 못하게 합니다. 꼬마물떼새는 다친 척하며 알에 접근하는 족제비를 다른 곳으로 유인합니다. 이것을 '의태'라고 하지요.

함께 먹고사는 공생 동물

악어가 입을 벌리면 악어새가 날아와 이빨에 끼어 있는 찌꺼기를 먹어 치웁니다. 악어는 이빨이 시원해서 좋고 악어새는 배불러서 좋지요. 말미잘은 소라게의 껍데기에 달라붙은 채 여행을 다녀요. 소라게는 집이 무겁지만 말미잘이 천적을 잡아 주어 고맙습니다. 이처럼 다른 동물끼리 서로 이익을 주고받는 것을 '공생'이라고 합니다.

땅속에 사는 동물

어떤 동물들은 바깥세상보다 안전하다는 생각에 땅속에서 삽니다. 지렁이는 흙을 먹고 영양분만 빨아들인 뒤 다시 흙 똥을 싸지요. 지렁이가 흙 구멍을 뚫어 놓은 땅은 양분이 많고 공기가 잘 통하여 식물이 잘 자라나요. 땅강아지와 두더지는 앞발이 발달하여 흙을 잘 팔 수 있어요. 그래서

땅강아지는 '땅개', 두더지는 '지하의 불도저'라는 별명이 붙었지요. 이 두 종은 흙 구멍을 뚫고 다니며 식물의 뿌리와 곤충의 애벌레들을 잡아먹어요.

겨울잠을 자는 동물

추위에 약하고 겨울에 먹이를 구하기 어려운 동물들이 겨울잠을 잡니다. 개구리와 도마뱀은 땅속으로 몸을 숨기고, 뱀과 다람쥐는 굴을 파고 들어갑니다. 박쥐는 동굴에 들어가 잠을 잡니다. 반달가슴곰은 바위 굴이나 나무둥치 속에서 한겨울을 보냅니다. 이 동물들은 겨울잠을 자기 전에 먹이로 배를 가득 채운 뒤, 봄까지 버티는 에너지로 사용하지요. 다람쥐는 별도로 도토리와 밤을 굴에 저장해 놓고 틈틈이 까먹고요.

09 인간과 동물의 관계

자연에서 태어나 자연을 벗 삼아 무리 지어 활동하는 동물을 '야생 동물'이라고 합니다. 자연 생태계에서 생산자와 소비자의 관계는 언제나 피라미드 형태의 질서를 유지해요. 즉 약한 종일수록 개체 수가 많고 강한 종일수록 개체 수가 적습니다. 만약에 어떠한 이유로 초식 동물들이 사라진다면 육식 동물들은 차례로 멸종하게 될 거예요. 육식 동물들이 하루 아침에 풀을 뜯어 먹고 살 수는 없으니까요.

최상위 피라미드는 사람

먹이 피라미드로 따지면 인간은 최상위 포식자예요. 동물은 인간들에게 훌륭한 단백질을 제공하기 때문에 언제나 먹을거리의 대상이었어요. 구석기부터 식탁에 올라온 동물들은 신석기에 이르러 집에서 길러지게 되었지요.

우리가 식탁에서 만나는 소, 돼지, 닭, 오리 등은 옛날부터 길든 야생 동물의 후손들이에요.

살아 있으면 다 먹어요

예로부터 사람은 가축 말고도 야생 동물들을 붙잡아 식탁에 올렸어요. 우스갯소리로 중국 사람들이 먹지 못하는 것을 말할 때, '다리 달린 것은 책상, 날개 달린 것은 비행기, 물에 사는 것은 잠수함'이라고 할 정도랍니다. 중국이 요리 왕국이 된 것은 오랜 세월 동안 다양한 동물을 요리하여 음식 문화를 발전시킨 결과예요.

각 나라는 주변 환경에서 쉽게 발견되는 동물들을 음식 재료로 삼았어요. 일부 에스키모들은 아직도 물범을 잡아 날것으로 먹고 있어요. 열대

원주민들은 딱정벌레의 애벌레로 단백질을 보충하고요. 그래서 세계 곳곳에서는 지금도 전갈과 도마뱀을 튀기고, 악어를 삶고, 원숭이를 굽기도 하지요. 동물이 음식의 재료가 될 때는 그 나라의 전통과 맞물려 있는 것입니다. 우리가 혐오스럽게 생각하는 요리들이 그 나라 사람들에게는 특별히 좋은 음식이 될 수도 있지요. 가령 우리는 번데기를 맛있게 먹는데, 서양 사람들이 이상한 눈으로 쳐다보는 것과 같아요.

문제는 귀한 야생 동물마저 단지 몸에 좋다는 이유로 사냥되고 있는 것입니다. 우리나라는 맑은 계곡마다 산개구리가 많았어요. 그런데 언제부터인가 보양식이 되더니 점차 희귀종으로 탈바꿈하고 있어요.

사라지는 동물들

인구가 늘어나면서 자연히 동식물의 서식지가 파괴되었습니다. 사람들은 먹고살기 위해 나무를 자르고, 산을 깎고, 풀밭을 밀어 버렸지요. 동물들의 처지에서는 자연 녹지가 사라진 만큼 살아갈 공간도 좁아지게 된 셈이죠. 게다가 사람들의 무차별적인 동물의 남획과 밀렵 등이 이어지며 궁지에 몰리는 동물들이 늘어나고 있어요. 알게 모르게 '멸종 위기종'이 증가하고 있는 것이죠.

• **국제 보호 동물**

북극곰 : 북극의 빙하가 녹아 물개 사냥을 하지 못하여 굶주리고 있어요.

분홍돌고래 : 아마존의 밀림을 개발하면서 강물이 오염되어 살아가기 어려워졌어요.

우파루파(아홀로틀) : 멕시코 도롱뇽으로도 불리며 생김새가 귀여워 관상용으로 남획되어 그 수가 많지 않아요.

판다 : 서식지가 파괴되어 보호받으며 대를 잇고 있어요.

대왕고래 : 과거에 너무 많이 잡아 지금은 1500마리 정도밖에 남아 있지 않대요.

• 우리나라의 천연기념물

크낙새 : 광릉 수목원에서 마지막으로 관찰된 뒤 나타나지 않고 있어요.

올빼미 : 삼림이 파괴되어 개체 수가 많이 줄었어요.

하늘다람쥐 : 우거진 산림에서 겨우 대를 이어 가고 있어요.

황쏘가리 : 강이 오염되어 보기 드물어요.

수달 : 맑은 하천에서만 드문드문 관찰되고 있어요.

어떤 동물의 개체 수가 줄어들면 사람들은 그 동물들을 보호하여 개체 수를 늘리려고 애를 씁니다. 그 이유는 무엇일까요? 동물이 '환경의 지표'로 작용하며 '우리가 살 수 없는 공간에서는 너희도 안전하지 못할걸?' 하고 경고하기 때문이죠. 그래서 환경 단체에서는 사람들이 동물과 더불어 살아야 함을 강조하며 동물 보호에 앞장서는 것입니다. 그런데도 우리는 아직도 동물들에게 병 주고 약 주는 처방전을 쓰고 있지요. 일단 개발이라는 불도저로 환경에 상처를 낸 뒤, 치료는 나중에 하자는 식이죠.

고래 마을 라마레라

고래는 국제 보호 동물로, 국제 연합 식량 농업 기구(FAO)에서는 식용을 목적으로 하는 고래잡이를 일절 금지하고 있어요. 하지만 예외로 고래잡이를 허용해 주는 지역이 있어요. 인도네시아의 라마레라라는 작은 섬으로 '고래 마을'로 불립니다. 라마레라 주민들은 조상 대대로 고래잡이를 생계 수단으로 하여 살아왔어요. 그 지역은 물고기가 많이 살지 않아 고래 말고는 잡을 것이 없거든요. 그래서 국제 연합 식량 농업 기구에서는 라마레라 사람들에게 1년에 열 마리 정도의 고래를 잡을 수 있도록 허락해 주었지요. 하지만 라마레라 사람들은 여전히 생계에 위협을 받고 있습니다. 고래의 개체 수가 줄면서 연안에 흔하게 나타났던 고래들이 먼바다에서 돌아오지 않기 때문이지요.

고래가 위험해요

고래를 보호해도 개체 수가 증가하지 않는 이유는 무엇일까요? 고래는 2~3년에 새끼를 한 마리밖에 낳지 않는 포유류입니다. 번식이 귀해서 개체 수가 눈에 띄게 늘어나지 않아요. 게다가 고래들은 이따금 집단으로 해안가 모래밭으로 몰려와 스스로 떼죽음을 자초하기도 해요. 이것을 '고래의 자살'이라고 하는데, 고래들이 왜 그런 행동을 하는지에 대해서는 밝혀내지 못하고 있어요. 과학자들은 '바다의 수온 변화가 환경에 민감한 고래들을 자살로 이끌었다.'거나, '배에서 내보내는 음파 때문일 것이다.'고 추측할 뿐입니다.

고래의 자살은 자연사의 일부로 개체 수 변화에 큰 영향을 주지 않아요. 그보다는 인간의 간섭으로 개체 수가 줄어드는 경우가 더 많지요. 일부의 고래들은 어부들이 쳐 놓은 그물에 걸려 일생을 마칩니다. 우리나라의 연안에서 그물에 걸려 죽는 밍크고래의 수가 1년에 평균 10마리 정도라고 해요. 전 세계를 놓고 보면 그 숫자는 수백 마리에 이르지요. 또 하나는 고래를 상품으로 파는 나라들이 포경선을 몰고 다니며 직접 고래잡이를 하는 경우예요. 특히 일본은 국제적으로

고래잡이를 금지했는데도, 과학 연구용으로 잡는다는 핑계를 대며 1년에 약 1000마리 정도의 고래를 남획하고 있어요. 하지만 그 고래들은 식탁으로 올라가 미식가들의 입속으로 감쪽같이 사라지지요. 해마다 식용으로 사라지는 고래는 돌고래를 포함하여 수천 마리나 된답니다.

사람에게 멸종된 동물

바바리사자는 아프리카에 살던 종으로 갈기가 배까지 뻗어 있는 멋진 사자였어요. 과거에 로마인들은 용맹스러운 바바리사자를 붙잡아 콜로세

움에 가둔 뒤 죄수들과 싸움을 시켰습니다. 그 뒤부터 바바리사자는 크고 용맹하다는 이유로 사람들에 의해 수난을 겪었어요. 끝내는 1922년, 지구 상에 마지막으로 남아 있던 한 마리의 바바리사자가 인간의 총을 맞고 멸종했다고 해요.

콰가얼룩말은 머리에서 등까지는 얼룩말이고, 등에서 꼬리까지는 당나귀 모습을 한 희귀 동물입니다. 1652년, 네덜란드인들은 남아프리카에 식민지를 세우면서 콰가얼룩말을 무차별적으로 사냥했어요. 단지 신기하게 생겼다는 이유로 마구 사냥한 것이요. 결국 콰가얼룩말은 1878년에 야생에서 멸종했어요. 그 뒤, 다행히 암수 한 쌍이 암스테르담에 있는 동물원에 살아 있었지만 대를 잇지 못한 채 1883년에 세상을 떠났어요.

　루퍼스가젤은 북아프리카에 살았던 영양의 한 종입니다. 일명 '녹색 가젤'이라 불리던 루퍼스가젤은 털빛이 아름다워 가죽의 인기가 높았어요. 알제리 원주민들은 루퍼스가젤을 집단으로 사냥하여 고기는 먹고 가죽은 백인 상인들에게 팔았어요. 그 결과 루퍼스가젤은 개체 수가 급격히 줄더니 1940년대에 이르러 완전히 자취를 감추어 버렸지요.

　모아는 뉴질랜드 섬에 살았던, 타조와 비슷한 종의 새입니다. 작은 종은 칠면조만 하고 큰 종은 키가 3미터나 됐지요. 천적 없이 살았던 모아는 과

거에 폴리네시아인들이 뉴질랜드에 진출하면서 사냥당하기 시작했어요. 폴리네시아인들은 모아를 사냥하여 고기는 먹고, 뼈는 화살과 장신구를 만드는 데 사용했어요. 또한 모아의 알껍데기마저 그릇으로 사용하는 바람에 대가 끊기고 말았지요.

고장 난 먹이 피라미드

　먹이 피라미드 체계에서 인간이 사라진다면 생태계는 놀라운 속도로 복원될 거예요. 자연을 훼손하고 생태계를 망가뜨린 장본인이 바로 우리 인간들이기 때문이지요. 하지만 늑대나 호랑이 같은 최상위 포식자들이 멸종하게 되면 생태계가 위험해집니다. 육식 동물은 초식 동물을 잡아먹음으로써 개체 수를 조절하지요. 자연적인 개체 수의 조절은 매우 중요해요. 포식자들이 사라지면 초식 동물의 개체 수가 한없이 늘어나 생산자들이 직접적인 피해를 받게 되니까요.

우리나라는 1930년대까지 전국에 호랑이, 곰, 늑대, 표범, 여우 등이 살았어요. 그런데 남북이 휴전선으로 갈라지고 나서 그 육식 동물들은 남쪽에서 멸종해 버렸어요. 남쪽에 고립된 육식 동물들은 사람을 해친다는 명목으로 사냥꾼들의 표적이 되었거든요.

사실 사냥꾼들이 원하는 것은 귀한 동물의 가죽이었지요. 휴전선 울타리에 갇힌 포식자들은 사냥꾼들의 총알을 피할 길이 없었어요. 결국은 가죽을 바치고 대부분 세상을 떠났지요. 몇몇 종은 간신히 살아남았으나 개체 수 부족으로 대를 잇지 못한 채 자연사하고 말았어요.

그 뒤, 우리나라의 산야에서 천적이 사라지자 고라니와 멧돼지의 개체 수가 빠르게 증가했어요. 그 수가 증가하는 만큼 피해도 속출했고요. 멧돼지와 고라니가 먹이 부족으로 나무껍질을 갉아 먹는 바람에 삼림이 훼손되었어요. 또한 농부들의 밭을 습격하여 농사를 망치게 했지요. 그래서 정부는 사냥꾼들을 풀어 멧돼지와 고라니의 개체 수를 조절하고 있어요.

서울대공원과 서울대학교 등에서 한국 늑대를 복원하기 위해 '늑대 복원 프로젝트'를 시행했어요. 불행히도 자연에 풀어 놓은 어미 늑대가 새끼는 낳았지만 돌보지 않아 죽고 말았고, '체세포 복제'로 태어난 스널피, 스널프 복제 늑대도 2009년에 죽고 말았어요. 이처럼 자연 생태계는 냉정해요. 인간의 간섭으로 고장 난 피라미드를 쉽게 복원해 주지 않는답니다.

10 동물이 전염시키는 병

　인간과 동물의 접촉이 늘면서 무서운 질병들이 생겨나기 시작했어요. 닭 콜레라와 돼지 콜레라는 그 동물들에게만 전염되지만, 새로운 바이러스의 출현으로 사람들마저 위험해지게 되었어요.

　1997년에 중국에서 발생한 조류 인플루엔자(AI)는 사람들을 공포에 떨게 했습니다. 원래 조류 인플루엔자는 새들만 감염되는데, 변종형 바이러스(H5N1)가 생기면서 사람들까지 감염시킨 거예요. 조류 인플루엔자에 걸리면 사람은 열이 나고 호흡 장애를 일으켜 사망할 수 있고, 사육되는 닭들은 거의 죽게 됩니다.

  2009년에 멕시코에서 발병하여 '돼지 독감'이라 이름 붙여진 이 전염병은 사람들에게 전염되는 새로운 바이러스(H1N1)로 확인되면서 '신종 인플루엔자A(H1N1)'로 불리게 됐어요. 신종 인플루엔자A는 정작 돼지에게서는 발생하지 않고 사람에게 전염되는 특징이 있지요.

  동물이 전염병을 일으키면 사람은 치료제를 개발하고, 그사이 더 강한 바이러스와 세균들이 출현하여 우리를 공격하지요. 왜 이런 일들이 주기적으로 발생하는 것일까요? 원인은 환경이 비위생적으로 오염되고 있기 때문이지요. 깨끗한 환경에서는 우리에게 해를 끼치는 바이러스와 세균들이 나서서 활동하지 못하거든요.

  한 예로 사람들은 고기를 대량으로 얻기 위해 돼지, 소, 닭 등을 집단으로 사육합니다. 이때는 가축에게 먹이는 사룟값을 아껴야 하므로 짧은 기간에 빨리 키우는 방법을 선택하지요. 가축들을 좁은 우리에 가두어 놓고 살찌게 하는 거예요. 이 과정에서 가축의 분비물이 축사를 오염시키고, 더러운 환경을 좋아하는 바이러스가 마음껏 번식합니다. 가축들은 시름시름 앓으며 질병에 걸리지요. 사람들은 가축들의 질병을 막기 위해 항생제를 맞힙니다. 바이러스는 항생제 때문에 힘을 쓰지 못하지요. 그 대신 더러운 축사를 떠나지 않고 잠복해 있다가 새로운 변종형 바이러스로 태어납니다. 변종형 바이러스는 이제 사람을 공격하는 단계를 밟지요. 이처럼 주위 환경이 나빠지면 바이러스는 언제든지 변신하여 우리를 괴롭히게 됩니다. 앞으로 대기 오염, 수질 오염, 생태계의 파괴가 계속될수록 우리는 더 강한 바이러스와 자주 마주치게 될 거예요.

과거에 가장 무서웠던 전염병은 유럽을 휩쓸었던 '흑사병'입니다. 흑사병은 페스트균에 감염된 쥐의 피를 쥐벼룩이 빨면서 전염되고, 그 쥐벼룩이 다시 사람의 피를 빨았을 때 옮겨지지요. 사람이 감염되면 피를 토하고 피부가 검게 변하여 '흑사병'이라고 불리게 됐지요. 1340년대 유럽에 퍼진 흑사병은 당시에만 약 2500만 명의 목숨을 빼앗고, 1700년대까지

100여 차례나 더 발생했습니다. 흑사병이 크게 번진 이유는 당시에 쥐가 많은 데다 전쟁이 잦았고, 사람들이 위생에 신경 쓰지 못했기 때문이에요.

신증후군 출혈열(유행성 출혈열)은 등줄쥐의 오줌이나 배설물을 사람이 접촉했을 때 생기는 병입니다. 주로 들에서 감염되며 고열, 눈이 충혈

됨, 출혈 등의 증세가 나타나지요. 우리나라의 이호왕 박사가 등줄쥐의 폐 속에서 한탄바이러스를 발견한 뒤, 치료제로 한타 박스를 개발했어요.

위험한 소

미국산 소 때문에 우리나라가 시끄러웠던 적이 있습니다. 정부에서 광우병의 위험성이 높은 소까지, 더욱 확실한 안전장치 없이 전면 수입하기로 했기 때문이지요. 광우병은 소의 뇌에 구멍이 송송 뚫리면서 죽음에

이르는 병이에요. 공기로 전염되지 않고 사람이 소고기를 먹었을 때 감염되는 것이 특징입니다. 영국과 미국에서는 이미 광우병으로 목숨을 잃은 피해자들이 발생했어요.

조류 인플루엔자와 신종 인플루엔자A는 공기 중으로 전염되지만, 광우병은 소고기를 먹었을 때 감염되는 병이에요. 소고기를 삶아 먹어도 감염된다고 해요. 하지만 사람이 실제로 소고기를 먹고 광우병에 걸릴 확률은 아주 낮아요.

광우병이 발생한 것은 초식 동물인 소에게 동물 사료를 먹인 것이 원인입니다. 동물 사료는 닭과 돼지의 내장을 갈아서 곡물 가루와 섞어서 만든 것이죠. 결국 잘못된 먹이 탓에 소의 몸에 이상이 생기게 된 것입니다. 그럼, 미국의 축산업자들이 소에게 동물 사료를 먹여서 키우는 이유가 무엇일까요? 곡물 사료를 먹인 소보다 동물 사료를 먹인 소가 더 빨리 자라기 때문이에요. 소를 빨리 키워낼수록 축산업자들은 큰돈을 벌 수 있어요. 자기들의 이익에 눈먼 사람들 때문에 소가 병들고 대다수의 사람이 불안에 떨게 됐지요.

반려동물의 병

최근 반려동물의 수요가 증가하면서 야생 동물이 관상용이나 집안의 가족으로 자리 잡는 경우가 많아졌어요. 동물에게 사랑을 주고 따뜻하게

보살피는 것은 즐거운 일이지요. 하지만 부작용도 만만찮아요. 한쪽에서는 동물을 분양받고 다른 쪽에서는 내다 버리는 행위가 반복적으로 일어나고 있으니까요. 동물은 소모품이 아니라 자연의 일부예요. 앞에서 동물은 사람과 동격이라고 했지요? 키울 때는 이러한 마음으로 끝까지 책임지는 노력이 필요합니다.

반려동물을 기르고자 한다면, 우선 그 동물이 어떤 환경을 좋아하는지 알아 두는 것이 좋아요. 그리고 무슨 질병을 옮기는지 미리 알아 두는 것도 중요하지요.

개가 물었을 때는 파상풍과 광견병에 걸릴 수 있습니다. 파상풍은 상처 부위로 세균이 침입하여 몸을 마비시키는 병이에요. 광견병은 상처 속으로 바이러스가 퍼져 급성 뇌 질환을 일으키지요.

고양이가 발톱으로 할퀴었을 때는 묘조증에 걸리는데, 림프샘에 문제가 생기고 두통과 피부 발진 등이 발병하기도 해요. 또한 고양이 똥을 만지면 '톡소플라스마'라 불리는 기생충에 감염될 수 있지요. 거북, 도마뱀, 이구아나, 뱀 등 파충류의 피부에는 살모넬라균이 살아요. 이 균이 사람의 몸속으로 들어가면 식중독 증상을 일으키지요.

　반려동물의 병은 예방 접종과 지속적인 보살핌으로 치료할 수 있어요. 그러기 위해서는 동물에 대해 특히 신경을 써 주고 깨끗한 환경을 만들기 위해 노력해야겠지요? 피부 알레르기와 천식 환자가 있는 집에서는 털이 있는 동물은 키우지 않는 것이 좋습니다. 동물의 털에 사는 진드기와 벼룩이 병을 더욱 키우게 되니까요.

11 사람과 환경

인간은 지구의 지배자로 살아가며 마음대로 자연환경을 다스리고 있어요. 석유를 캐기 위해 땅속에 구멍을 뚫고, 자원을 얻기 위해 온 천지를 뒤집어 놓고 있어요. 또한 동식물의 생활 터전을 가로채어 안방으로 이용하기도 하지요. 어떻게 보면 자연환경은 지배자를 잘못 만나 고생하고 있는 셈이죠.

사람들이 하루에 사용하는 종이의 양은 100만 톤쯤 됩니다. 이 말은 1톤짜리 100만 그루의 나무가 하루아침에 휴지 조각으로 사라진다는 것이죠. 휴지만 사라지는 것일까요? 100만 그루의 나무와 더불어 그곳에 터를 잡고 살았던 동물들도 사라지게 되지요. 나무 한 그루는 애벌레 1000마리, 딱새 가족 7마리, 곤충 300마리, 다람쥐 2마리 등이 지낼 수 있는 공간이에요. 목재용으로 베어지는 나무가 더 많다는 것을 생각하면, 지구의 동물들이 얼마나 빨리 사라지고 있는지 느낄 수 있겠지요?

우리의 환경에 가장 큰 피해를 주고 있는 것은 이산화탄소 증가로 인한 지구 온난화 문제입니다. 지구 온난화가 지구를 뜨겁게 달구며 생태계를 혼란에 빠뜨리고 있지요. 대기 중의 이산화탄소를 제거하는 것은 모두 식물입니다. 즉 생산자들이 이산화탄소를 에너지로 흡수하여 대기를 상쾌한 산소로 바꾸어 주고 있지요. 자연환경에서 생산자의 역할이 그만큼 중요하답니다.

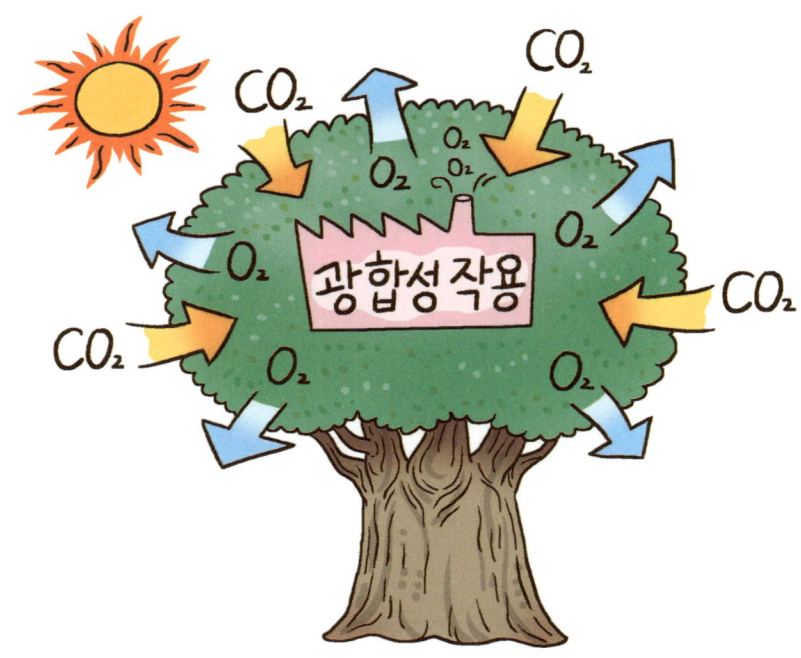

 국립 산림 과학원에서는 2006년에 '탄소 중립 상쇄 표준'이라는 프로그램을 가동했어요. 이것은 한 사람이 이산화탄소를 배출했을 때, 그 양을 '0'으로 만들 수 있는 나무가 몇 그루나 되는지 알아보는 것이에요. 우리나라는 2006년 당시 1인당 2.63톤의 이산화탄소를 배출한 것으로 조사되었어요. 여기에 탄소 중립 상쇄 표준 프로그램을 대입시켜 보았더니, 1인당 축구장 반쪽 크기의 면적에 어린 소나무 947그루를 심어야 한다는 계산이 나왔어요. 그래야 이산화탄소량이 '0'이 되는 것이죠. 그리고 에너지 절감 차원에서 대형차를 소형차로 바꾸면 870그루의 나무를 심는 효과가 생기고, 중형차를 소형차로 교체하면 312그루의 나무를 키우는 결과를 얻을 수 있대요. 그 밖에 가정에서 에어컨 온도를 줄일 때, 냉장고를 절전형으로 바꿀 때, 백열등을 형광등으로 바꿀 때, 이산화탄소 배출량을 줄이는 데 큰 도움이 된답니다.

녹색식물은 자연환경에서 동물들의 삶을 이어 주는 근본 에너지입니다. 우리는 환경의 지배자가 아니라 환경의 지배를 받고 있음을 명심해야 해요. 환경은 질서를 어지럽히는 인간들을 지켜보다가 어느 순간에 폭발해 버릴지도 몰라요. 그것은 자연재해로 나타날 가능성이 커요. 우리는 환경이 얌전히 참고 있을 때 잘 보살피고 관리해야 해요. 철학자 스피노자는 '내일 지구가 멸망하더라도 나는 오늘 한 그루의 사과나무를 심겠다.'고 했어요. 자신보다 모두를 위하는 마음이 위대해 보이지 않나요? 오늘이 있어야 내일이 있고, 내일이 있어야 역사가 쓰입니다.

우리는 혹시 당장을 위해 오늘도 1000그루의 나무를 베어 내고 있는 것은 아닌지요? 여러분이 무심코 찢어 버린 종이 한 장이 나무를 베어 내게 하고, 가여운 동물들을 멸종으로 몰아가고 있다는 사실을 기억해 주세요.

나무가 자란다

산림청은 탄소 중립 상쇄 표준 프로그램의 하나로 2017년부터 민간기업과 힘을 합쳐 '신혼부부 나무 심기' 행사를 벌이고 있습니다. 이 행사는 2021년까지 5년에 걸쳐 이어지는데 해마다 250쌍의 신혼부부가 참여하고 있습니다. 산림청에서 제공하는 임야 면적은 한 해에 2.5~3헥타르고,

5년간 약 14헥타르의 공간에 어린나무들이 심어지지요. 다 자란 나무 한 그루는 연간 에스프레소 한 잔량(37.5g)의 미세 먼지 등의 대기 오염 물질을 흡수한다고 해요. 산림청은 나무를 심음으로써 감소하는 미세 먼지와 대기질의 오염 수치가 1만 평 당 168킬로그램으로 내다봤어요.

여러분은 부모님과 함께 식목일을 이용하여 가족 나무를 가꾸어 보는 것도 좋은 방법이에요. 내 나무 한 그루를 키워서 아름다운 강산을 만들어 보자고요.

동물 관련 상식 퀴즈

1. 자연에서 식물은 생산자, 동물은 소비자예요. (○, ×)
2. 동물들을 분류할 때 기초가 되는 것은 등뼈가 있느냐 없느냐입니다. (○, ×)
3. 오리너구리는 알을 낳지만 새끼에게 젖을 먹여 키우기 때문에 따로 _____라고 불러요.
4. 도마뱀, 거북, 악어, 카멜레온, 이구아나, 뱀 등은 조류예요. (○, ×)
5. 개구리, 두꺼비, 도롱뇽은 대표적인 양서류예요. (○, ×)
6. 오징어, 낙지, 문어처럼 살이 흐물흐물하여 부드럽게 움직이는 동물은 연체동물에 속해요. (○, ×)
7. 진화론은 '생물은 환경에 맞게 몸을 바꾼다.'는 '자연 선택설'에 기초를 두고 있어요. (○, ×)
8. 고래의 조상은 원래 바다에 살았어요. (○, ×)
9. 지구 최초의 생명체 '원핵생물'의 선두 주자는 '시아노박테리아'예요. (○, ×)
10. 다세포 생물은 세포가 하나로 이루어진 생물이에요. (○, ×)
11. 신생대의 대표적인 포유류는 매머드인데, 빙하기를 맞아 먹이 부족으로 멸종했어요. (○, ×)
12. 북극해를 대표하는 동물은 황제펭귄과 아델리펭귄이에요. (○, ×)
13. 아프리카의 _____ 지역은 지구상에서 동물이 가장 많이 몰려 있는 곳이에요.
14. 낙타는 뜨거운 사막에 가장 잘 적응한 동물이에요. (○, ×)
15. 차가운 물을 좋아하는 참치와 고등어는 한류를 따라다녀요. (○, ×)

16. 우리나라의 남서 해안 갯벌은 미국 동부 해안, 캐나다 동부 해안, 북해 연안, 아마존 유역의 갯벌들과 함께 세계 5대 갯벌로 손꼽혀요. (○, ×)

17. 다른 동물끼리 서로 이익을 주고받는 것을 .... 이라고 해요.

18. 추위에 약하고 겨울에 먹이를 구하기 어려운 동물들이 겨울잠을 자요. (○, ×)

19. 먹이 피라미드로 따지면 인간은 최상위 포식자예요. (○, ×)

20. '고래 마을'로 불리는 인도네시아의 라마레라는 고래잡이가 허용된 지역이에요. (○, ×)

21. 조류 인플루엔자에 걸리면 사람은 열이 나고 호흡 장애를 일으켜 사망할 수 있어요. (○, ×)

22. 광우병이 발생한 것은 초식 동물인 소에게 동물 사료를 먹인 것이 원인이에요. (○, ×)

23. 반려동물의 병은 예방 접종과 지속적인 보살핌으로 치료할 수 없어요. (○, ×)

24. .... 가 지구를 뜨겁게 달구며 생태계를 혼란에 빠뜨리고 있어요.

25. 녹색식물은 자연환경에서 동물들의 삶을 이어 주는 근본 에너지예요. (○, ×)

정답
01 ○　02 ○　03 난생 포유류　04 ×　05 ○　06 ○　07 ○　08 ×　09 ○
10 ×　11 ○　12 ×　13 사바나　14 ○　15 ×　16 ○　17 공생　18 ○
19 ○　20 ○　21 ○　22 ○　23 ×　24 지구 온난화　25 ○

동물 관련 단어 풀이

플랑크톤 : 부유 생물. 물속에서 물결에 따라 떠다니는 작은 생물을 통틀어 이르는 말.

생산자 : 녹색식물처럼 단순한 무기 물질에서 유기 화합물을 생성할 수 있는 생물체. 독립 영양을 영위하고 생태계 안에서 다른 생물의 영양원이 됨.

소비자 : 생태계에서, 독립 영양 생활을 하지 못하고 다른 생물을 통하여 영양분을 얻는 생물체.

초식 동물 : 풀이나 나뭇잎 같은 식물을 주로 먹고 사는 동물.

육식 동물 : 동물의 고기를 먹고 사는 동물.

천적 : 잡아먹는 동물을 잡아먹히는 동물에 상대하여 이르는 말. 예를 들면, 쥐를 잡아먹는 뱀은 쥐의 천적.

유기물 : 동식물의 생명체가 죽고 나서 만들어내는 화합물.

먹이 사슬 : 생태계에서 먹이를 중심으로 이어진 생물 간의 관계.

영장류 : 원숭이류의 포유동물들.

유인원 : 가장 고등한 동물로 원숭이류 중에서 꼬리가 없는 종.

체절 : 몸마디. 절지동물, 환형동물 따위의 몸을 이룬 낱낱의 마디.

진화 : 생물이 생명의 기원 이후부터 점진적으로 변해 가는 현상.

찰스 다윈 : 남반구를 탐사하여 수집한 화석과 생물을 연구하여 생물의 진화를 주장하고, 1858년에 자연 선택에 의하여 새로운 종이 기원한다는 자연 선택설을 발표함.

산업 혁명 : 18세기 후반부터 약 100년 동안 유럽에서 일어난 생산 기술과 그

에 따른 사회 조직의 큰 변화. 영국에서 일어난 방적 기계의 개량이 발단이 되어 1760~1840년에 유럽 여러 나라에서 계속 일어남. 수공업적 작업장이 기계 설비에 의한 큰 공장으로 전환되었는데, 이로 인하여 자본주의 경제가 확립됨.

원핵생물: 세포 내의 핵의 요소가 되는 물질이 있으나 핵막(核膜)이 없어 핵의 구조가 없는 생물.

박테리아: 세균. 생물체 가운데 가장 미세하고 가장 하등에 속하는 단세포 생활체.

핵산: 유전이나 단백질 합성을 지배하는 중요한 물질로, 생물의 증식을 비롯한 생명 활동 유지에 중요한 작용을 함.

뉴클레오타이드: 핵산을 구성하는 단위.

아르엔에이(RNA): 리보 핵산. 디엔에이의 유전 정보를 세포질로 나르고, 아미노산을 수송하거나 단백질과 결합하여 세포질 속에서 리보솜의 주요 성분을 이룸.

디엔에이(DNA): 데옥시리보 핵산. 세포 속에 들어 있는 유전자의 본체.

광합성: 녹색식물이 빛 에너지를 이용하여 이산화탄소와 수분으로 유기물을 합성하는 과정.

오존층: 오존을 많이 포함하고 있는 대기층. 지상에서 20~25킬로미터의 상공이며 인체나 생물에 해로운 태양의 자외선을 잘 흡수하는 성질이 있음.

실러캔스: '살아 있는 화석'이라고 불리는 바닷물고기. 몸의 길이는 1.5미터 정도이며 가슴지느러미, 배지느러미가 큼. 고생대 데본기에서 중생대 백악기까지의 물고기로 알려져 있었는데, 1938년에 남아프리카 공화국의 동해안에서 발견됨.

유대류 : 코알라, 주머니두더지처럼 새끼를 낳아 주머니 안에서 젖을 먹여 키우는 종. 원시적인 태생 포유동물로 태반이 없거나 있어도 불완전하며 새끼는 발육이 불완전한 상태로 태어남.

삼각주 : 강이 바다로 들어가는 어귀에, 강물이 운반하여 온 모래나 흙이 쌓여 이루어진 편평한 지형.

감각 기관 : 동물의 몸에서 외계의 감각을 받아들여 뇌에 전달하는 기관. 후각 기관, 미각 기관, 촉각 기관, 시각 기관, 평형 청각 기관 따위가 있음.

의태 : 동물이 자신의 몸을 보호하거나 사냥하기 위해서 모양이나 색깔이 주위와 비슷하게 되는 현상.

먹이 피라미드 : 생태계 안에서 먹이 사슬에 의하여 이루어지는 생물의 수와 양을 표시하는 피라미드 모양의 관계. 저마다의 먹이 사슬에서 보통 먹히는 생물은 잡아먹는 생물보다 번식력이 강하여 수가 많고, 먹이 사슬의 가장 아래 단계인 생산자에서 위 단계로 올라갈수록 그 개체 수가 줄어듦.

남획 : 짐승이나 물고기 따위를 마구 잡음.

밀렵 : 허가를 받지 않고 몰래 사냥함.

국제 보호 동물 : 국제 자연 보호 연맹(IUCN)에서 지정한, 매우 희귀한 상태이거나 개체수가 감소되는 등의 이유로 국제적으로 특별히 보호할 필요가 있는 동물.

관상용 : 두고 보면서 즐기는 데 씀. 또는 그런 물건.

국제 연합 식량 농업 기구(FAO) : 1945년 세계 각 국민의 생활 수준을 향상하고, 식량과 농산물의 생산과 공급을 개선하기 위하여 설치한 국제 연합의 전문 기구. 본부는 이탈리아 로마에 있음.

자연사 : 생명체가 수명이 다하여 저절로 죽음.

포경선 : 고래잡이배. 고래를 잡기 위하여 특별한 설비를 갖춘 배.

콜레라 : 콜레라균에 의하여 일어나는 소화 계통의 전염병. 급성 법정 전염병으로 심한 구토와 설사에 따른 탈수 증상, 근육의 경련 따위를 일으키며 사망률이 높음.

바이러스 : 동물, 식물, 세균 따위의 살아 있는 세포에 기생하고, 세포 안에서만 증식이 가능한 비세포성 생물.

인플루엔자 : 유행성 감기. 인플루엔자 바이러스에 의하여 일어나는 감기. 고열이 나며 폐렴, 가운데귀염, 뇌염 따위의 합병증을 일으킴.

전염병 : 전염성을 가진 병들을 통틀어 이르는 말. 곧 세균, 바이러스, 리케차, 스피로헤타, 진균, 원충 따위의 병원체가 다른 생물체에 옮아 집단적으로 유행하는 병들을 이름.

림프샘 : 포유류의 림프관에 있는 둥글거나 길쭉한 모양의 부푼 곳. 림프구·대식 세포 따위로 이루어져 있으며, 림프에 섞인 병원균이 옮겨 가는 것을 막는 역할을 함.